T 27

n 15594.

BIBLIOTHEQUE MORALE

DE

LA JEUNESSE

PUBLIÉE

AVEC APPROBATION

SAINT OUEN.

VIE

DE

SAINT OUEN

ARCHEVÊQUE DE ROUEN

ET CHANCELIER DE FRANCE

ROUEN

MÉGARD ET Cie, LIBRAIRES-ÉDITEURS

1863

Avis des Éditeurs

—

Les Éditeurs de la **Bibliothèque morale de la Jeunesse** ont pris tout à fait au sérieux le titre qu'ils ont choisi pour le donner à cette collection de bons livres. Ils regardent comme une obligation rigoureuse de ne rien négliger pour le justifier dans toute sa signification et toute son étendue.

Aucun livre ne sortira de leurs presses, pour entrer dans cette collection, qu'il n'ait été au préalable lu et examiné attentivement, non-seulement par les Éditeurs, mais encore par les personnes les plus compétentes et les plus éclairées. Pour cet examen, ils auront recours particulièrement à des Ecclésiastiques. C'est à eux, avant tout, qu'est confié le salut de l'Enfance, et, plus que qui que ce soit, ils sont capables de découvrir ce qui, le moins du monde, pourrait offrir quelque danger dans les publications destinées spécialement à la Jeunesse chrétienne.

Aussi tous les Ouvrages composant la **Bibliothèque morale de la Jeunesse** sont-ils revus et approuvés par un Comité d'Ecclésiastiques nommé à cet effet par Monseigneur l'Archevêque de Rouen. C'est assez dire que les écoles et les familles chrétiennes trouveront dans notre collection toutes les garanties désirables, et que nous ferons tout pour justifier et accroître la confiance dont elle est déjà l'objet.

VIE DE SAINT OUEN.

L'époque la plus féconde en crimes fut, au témoignage de l'histoire, la période mérovingienne. L'état de barbarie où se trouvaient les Francs en fut, sans aucun doute, la principale cause. Mais tel fut aussi, à cette époque, le triomphe de la religion catholique; que, en même temps qu'elle établissait son empire sur les intelligences, elle faisait naître dans certaines âmes privilégiées les plus sublimes vertus, à côté des épouvantables forfaits des successeurs de Clovis. A peine, en effet, Brunehaut et Frédégonde eurent-elles cessé d'étonner le monde par leurs sanglants démêlés, que l'on vit paraître sur les marches du trône des saints dont l'Église vénérera toujours la mémoire : Eloi, qui fut la gloire de Dagobert Ier ; et Dadon ou saint Ouen, l'illustre archevêque de Rouen, dont je vais raconter la vie.

Vers la fin du vi^e siècle, sous le règne de Clotaire II, roi de France, il y avait à Saucy, petit village situé non loin de Soissons, un seigneur nommé Authaire, qui avait épousé une dame nommée Aige, tous deux aussi illustres par leurs vertus que par leur naissance.

Ils eurent trois fils : Adon, Dadon et Radon. Adon, l'aîné, après avoir vécu quelque temps à la cour de Clotaire et de Dagobert, renonça au monde pour se consacrer à Dieu.

Radon, le dernier, fut surintendant des finances, où, par un bonheur dont il y a trop peu d'exemples, il se sanctifia au milieu même des dangers de la cour et du siècle.

Le second des trois frères, Dadon ou Ouen (*Audoenus*) vint au monde au commencement du viie siècle. Sa vertueuse mère lui apprit de bonne heure à connaître Dieu, à tourner son cœur vers lui et à l'aimer. Elle se fit un devoir dé faire naître dans l'âme de son jeune fils le germe des qualités les plus rares et les plus précieuses.

Dieu permit que, nouveau Jacob, Audoenus reçût, dès ses plus tendres années, cette bénédiction du ciel qui s'étend sur toute la vie et la protége. Comme sa famille se faisait un pieux devoir d'exercer l'hospitalité envers les étrangers, les voyageurs et surtout les religieux, il arriva que, pendant l'enfance d'Audoenus, saint Colomban vînt à passer par le village d'Ussy, où Authaire était alors avec toute sa famille. Ce seigneur et sa femme le reçurent avec une joie tout extraordinaire, et comme la vertueuse Aige était convaincue que la bénédiction de ce grand saint ne pouvait être que d'un heureux présage pour l'avenir de ses enfants, elle les présenta avec empressement au vénérable abbé, qui les bénit, et prédit qu'ils seraient, un jour, trois hommes très-utiles à l'État et à l'Église. Prédiction qui se vérifia surtout à l'égard d'Audoenus ; car il fut chancelier de France et archevêque de Rouen.

Après avoir reçu de sa pieuse mère les principes d'une bonne et sainte éducation, on jugea que le moment était arrivé de donner à ses études une direction plus forte et plus suivie.

L'abbaye de Saint-Médard de Soissons brillait alors et par sa haute réputation de piété, et par l'étendue de son enseignement dans les sciences et les lettres humaines.

On choisit donc cette maison, afin que notre jeune saint apprît à l'ombre du cloître et du sanctuaire cette science de la vie, cette connaissance approfondie du cœur humain, si nécessaire à tous, et malheureusement si peu connue du plus grand nombre.

Ce fut donc dans cette abbaye qu'Audoenus puisa, jeune encore, ces principes religieux, cette piété tendre, cette foi vive, cette charité admirable que l'on retrouve dans toute sa vie ; ce fut là qu'il apprit ces connaissances profondes qui lui permirent de remplir, dans la suite, avec distinction les premières charges de l'Etat.

Mais bientôt arriva le jour où notre saint devait faire son entrée dans le monde. S'il n'eût consulté que ses goûts, il eût certes préféré la retraite aux agitations et aux joies bruyantes de la cour. Toutefois, il dut, par obéissance, se conformer aux désirs de son père, qui, en sa qualité de seigneur et de favori du prince, voulut présenter son fils au roi Dagobert.

Je n'essaierai pas de dire quelle fut l'impression d'Audoenus à la vue du spectacle qui s'offrit à ses regards lorsque, pour la première fois, il fut appelé à vivre au milieu de ceux qu'on appelle les heureux du siècle. Laissant de côté tout ce qui peut flatter les passions, il n'eut d'autre ambition que de plaire à Dieu et de faire de rapides progrès dans la vertu. Il eut le bonheur de rencontrer à la cour un ami véritable, dans la personne de saint Eloi, qui fut constamment le gardien de son innocence, son conseil et son modèle dans la pratique du bien.

On ne saurait assez admirer le genre de

vie que menèrent ces deux amis. Tout engagés qu'ils étaient dans le commerce du monde, ils ne se lassèrent jamais de prier, d'assister les pauvres et les malades. Portant sous leurs riches habits les instruments de la pénitence, ils donnèrent toujours, quoiqu'ils ne fussent que séculiers, des preuves éclatantes de leur piété, de leur zèle et de leur charité. Aussi, le roi, heureux de rencontrer dans le fils d'Authaire un jeune homme qui à la science et au mérite joignait encore les qualités et les vertus les plus rares, voulut le garder près de lui, et le nomma référendaire ou chancelier de France.

A partir de ce moment, Audoenus fut toujours aimé des rois, révéré des grands et du peuple, agréable à tout le monde. Joignant à la beauté du corps un esprit sage, prévoyant, judicieux, on lui confia toutes les affaires de l'État. Et son conseil fut toujours agréé du roi et des ministres qui regardaient ses avis comme des oracles.

Il exhortait souvent le roi à regarder Jésus-Christ comme le souverain seigneur, sans l'assistance duquel nul prince ne saurait gouverner avec justice. Il l'engageait surtout à prendre un soin particulier de tout ce qui regarde l'Église, à être le protecteur des pauvres, des orphelins, des étrangers, et à pourvoir au soulagement de tous ceux qui souffrent. Dagobert recevait ses conseils avec joie, et les mettait en pratique ; ce qui le rendit le prince le plus heureux de son siècle.

Après la mort de ce roi, Clovis II, son successeur, continua de confier les sceaux de l'État à un si excellent ministre. Cependant, quelques personnes recommandables par leur piété engagèrent Audoenus à quitter la condition de laïque pour embrasser l'état ecclésiastique. Le nouveau monarque consentit à s'en séparer pour le donner aux nécessités de l'Église. Audoenus reçut donc les saints ordres par Dieudonné, évêque de Mâcon, en l'année 644.

Sur ces entrefaites, saint Romain, archevêque de Rouen, vint à mourir, et le clergé fut obligé de mettre un autre prélat à sa place. La grande réputation du saint chancelier fit jeter les yeux sur lui pour ce siége. On se rappelait d'ailleurs avec reconnaissance l'affection qu'il avait témoignée aux habitants de Rouen, en obtenant du roi en faveur de leur ville le privilége du prisonnier, pour perpétuer la mémoire du grand miracle par lequel saint Romain, si l'on en croit la légende, avait délivré leur territoire d'un dragon qui dévorait tous ceux qui approchaient de sa caverne.

Notre saint, après avoir résisté aux prières du roi, des grands et du clergé, se rendit enfin à leurs vœux ; mais il se garda bien de se faire consacrer au même temps.

Il voulut auparavant s'exercer à la prédication, pour ne pas passer du maniement des affaires à l'exercice des sublimes fonctions de l'épiscopat.

Ayant donc renoncé aux affaires séculières, il quitta la cour, et alla prêcher la parole de Dieu au delà de la Seine et de la Loire. Il apprit aux uns les principes de la foi ; il fortifia les autres dans la doctrine qu'ils avaient déjà reçue ; il en ramena d'autres à l'Église que l'hérésie leur avait fait abandonner. Il attaqua avec un courage infatigable tous les vices qui défiguraient l'épouse de Jésus-Christ. Plus tard il se distingua par son amour pour la discipline dans un concile tenu à Châlons, l'an 650; et dans un synode tenu à Orléans, en 651, où fut condamné un hérétique, venu d'Orient à Autun, lequel répandait parmi les fidèles les erreurs du monothélisme.

On raconte qu'étant allé en Espagne, pour y porter les lumières de l'Évangile, il obtint miraculeusement par ses prières une pluie abondante qui rendit la fécondité à cette contrée que désolait depuis sept ans une grande sécheresse, et qu'en passant par l'Anjou, à son retour en France, il guérit également d'une façon miraculeuse un meunier qui avait été frappé d'une paralysie pour avoir violé la sanctification du dimanche.

Enfin, en arrivant à Rouen, il retrouva, avec une joie bien grande, son ancien ami, saint Éloi, récemment nommé à l'évêché de Noyon et de Tournay, qui était allé à sa rencontre; et le 14 mai 646, tous deux furent sacrés évêques dans le monastère de Saint-Pierre, qui devint plus tard la célèbre abbaye de Saint-Ouen.

Nul ne saurait exprimer dignement de quelle manière cet admirable archevêque se comporta, dès le jour de sa consécration, dans la conduite de son peuple. Voici le tableau que le P. Giry nous a tracé de la vie épiscopale de saint Ouen :

Il conserva toujours, nous dit-il, la même modestie et la même gravité qu'il avait auparavant. Son humilité, bien loin de diminuer, prit, au contraire, de nouveaux accroissements. Ses habits étaient simples, ses meubles pauvres, son train sans pompe et sans éclat. Il mortifiait sa chair par des veilles et des jeûnes continuels. Son abstinence était si rigoureuse, que la faim qu'il souffrait presque toujours lui rendait le visage pâle, et faisait qu'il avait de la peine à se soutenir. Plein de mépris pour les honneurs du monde, il fuyait la compagnie des grands, leur préférant les pauvres, les captifs et les prisonniers. Jamais prélat n'eut plus de tendresse et de bonté pour son peuple. Il avait soin de l'instruire par ses sermons, de le corriger par ses remontrances, de le soulager par ses libéralités. Non content de prêcher dans sa cathédrale, il faisait encore, chaque année, la visite de son vaste diocèse, parcourant les villes, les bourgs, les châteaux et les villages, allant même jusque dans les métairies et les hameaux les plus éloignés, afin de connaître tout son peuple, prenant plaisir à lui expliquer les mystères de notre foi, et à élever les esprits les plus grossiers à la connaissance et à l'amour de notre Seigneur Jésus-Christ.

Son clergé était aussi le principal objet de ses soins. Il y établit une admirable discipline et une manière de vie pleine d'édification. Parmi les différents personnages qui reçurent la prêtrise et qui se formèrent à l'école de notre saint, on cite saint Germer, saint Herbland et saint Ansbert, son successeur à l'archevêché de Rouen.

Il embellit sa cathédrale en lui donnant des livres, des vases sacrés, des meubles précieux. Mais ce fut surtout dans la construction des églises et des monastères que le saint archevêque déploya le plus grand zèle. Il en bâtit un grand nombre dans son diocèse, et dans d'autres contrées de la

France. Ainsi, ce fut de son temps que saint Vandrille, qu'il avait ordonné sous diacre, fonda l'abbaye de Fontenelle à sept lieues de Rouen, où il bâtit quatre églises qui furent toutes consacrées par saint Ouen. Ce saint pontife n'étant encore que référendaire, avait déjà fait bâtir dans la forêt de Brie, en 634, le monastère de Rebais, dans l'espérance de pouvoir s'y retirer plus tard, pour y vivre loin du commerce des hommes, et ne plus penser qu'à Dieu et à son éternité. Il prit encore une part très-active à la construction de l'abbaye de Saint-Germer. Ce fut également sous son pontificat que l'abbaye de Jumiéges fut fondée par les soins de saint Philbert, religieux de l'abbaye de Rebais, grâce aux dons et aux pieuses libéralités de Clovis II et de la reine Bathilde. Ce fut encore à la persuasion d'Audoenus que saint Waninge, riche seigneur du pays de Caux, et qui avait été rendu miraculeusement à la santé par les prières du saint archevêque, résolut de construire la célèbre abbaye de Fécamp. Ce fut enfin sous le pontificat de ce saint prélat que furent construites l'abbaye de Saint-Pierre, appelée plus tard abbaye de Saint-Saens, et dont le premier abbé fut saint Sidoine de Jumiéges, et disciple de saint Philbert; l'abbaye de Pentalion, entre Pont-Audemer et Honfleur, gouvernée par saint Germer; l'abbaye de Pavilly, gouvernée par sainte Austreberthe.

On le vit encore souscrire à divers priviléges d'abbayes. C'est ainsi qu'en 658, il souscrivit à l'exemption de l'abbaye de Saint-Denys; en 664, au privilége de Saint-Pierre-de-Corbie; en 665, aux lettres d'exemption accordées aux abbayes de Sainte-Colombe et de Saint-Pierre-le-Vieux. Il fonda en outre des hôpitaux pour recevoir les pauvres, les pèlerins et les malades.

Il eut surtout une profonde vénération pour les reliques des saints; et dans un voyage qu'il fit à Cologne, il fit rapporter une certaine quantité de ces précieux restes pour orner sa cathédrale. Il fit même, avec l'agrément de l'abbé de Nanteuil, la translation solennelle des reliques de saint Marcoul.

La paix qui régnait partout en France,

et le bon ordre qu'il vit dans son diocèse, lui firent concevoir la dévotion d'entreprendre un voyage à Rome, pour y honorer les reliques des saints apôtres Pierre et Paul. On ne saurait exprimer la piété avec laquelle notre excellent pèlerin parcourut toutes les stations de la capitale du christianisme. On raconte qu'étant un jour devant la confession de Saint-Pierre, il commença l'antienne : *Exultabunt sancti in gloriâ*, et il entendit aussitôt une voix céleste qui répondit : *Lœtabuntur in cubilibus suis*.

Le pape Adéodat et tout ce qu'il y avait d'illustre dans le clergé lui rendirent des honneurs extraordinaires ; et en reconnaissance des bénédictions temporelles qu'il avait apportées à l'Italie, on lui donna plusieurs reliques de saints ; ce qui le remplit d'une joie indicible. A son retour en France, la joie de ses diocésains fut si grande, que les peuples des villes et des villages venaient en foule au-devant de lui avec des croix et des cierges allumés, pour le recevoir.

Mais la fatigue de ce long pèlerinage et la grande vieillesse du saint prélat, ne lui permettant plus de monter à cheval, il fut contraint d'aller en chariot pour visiter son peuple. Or, un jour qu'il était au milieu de la campagne, assez près de Louviers, les mulets qui le tiraient s'arrêtèrent sans qu'il fût possible de les faire avancer davantage. Étonné de cet accident, saint Ouen leva les yeux au ciel, et aperçut dans l'espace une croix si resplendissante, qu'elle répandait sa lumière de tous côtés. Dieu lui fit connaître, en même temps, qu'il avait destiné ce lieu à son service, et qu'il voulait y être honoré. Notre saint marqua sur la terre la figure d'une croix, déposa dessus quelques reliques, après quoi il put continuer son chemin, sans que les mulets fissent aucune résistance. Dès le soir même et durant toute la nuit, il parut en ce lieu là une colonne de feu plus brillante que le soleil. Tous les habitants du pays la virent. Une infinité de personnes y vinrent offrir leurs vœux à Dieu ; et plusieurs y furent guéris miraculeusement de toutes sortes de maladies.

Saint Leufroi bâtit depuis sur ce même emplacement, en l'honneur de la sainte croix et de saint Ouen, une église et un monastère, qui pendant longtemps furent désignés sous le nom d'abbaye de Saint-Leufroi ou de Saint-Ouen.

Cependant, malgré les travaux multipliés que lui créait son zèle, il ne perdait pas absolument de vue les affaires politiques, intimement liées à celles de la religion, en ce moment surtout où la puissance des maires du palais commençait à troubler les règnes des derniers Mérovingiens. Le roi Thierri III le chargea de plusieurs missions importantes, entre autres de rétablir la paix entre les Francs de Neustrie et ceux d'Austrasie, ceux-ci s'étant armés contre les premiers sous la conduite de Pépin d'Héristal. Voici à quelle occasion avait eu lieu le différend entre les deux provinces.

Le roi de Neustrie, Thierri III, avait à sa cour un prince fort distingué, appelé Varaton, et qui avait été élevé à la dignité de maire du palais. Son fils, Gislemar, jeune seigneur débauché, conspira contre son père, et porta l'impiété jusqu'à vouloir lui ravir sa charge.

Mais il ne se fut pas plus tôt mis en pos-

session de la dignité de maire du palais,
qu'il amena la division entre les Neustriens
et les Austrasiens, en déclarant la guerre à
Pépin, duc d'Austrasie. Saint Ouen chercha
vainement par la sagesse de ses conseils et
ses paternelles remontrances à faire ren-
trer Gislemar dans la soumission et le devoir. Celui-ci courut de lui-même à sa
perte, et périt dans le combat, ainsi que
l'avait prédit notre saint. Varaton fut main-
tenu dans sa charge, et reprit l'adminis-
tration des affaires de l'État. Son premier
soin fut de rétablir la paix entre les habitants de Neustrie et de l'Austrasie. Mais
pour cela il engagea le roi Thierri à confier
cette importante négociation au saint archevêque de Rouen.

Saint Ouen, bien qu'il fût alors âgé de
quatre-vingt-neuf ans, accepta avec empressement cette mission délicate. Il alla
donc trouver Pépin à Cologne. Il réussit
pleinement dans sa négociation; et il eut
la consolation de se rendre encore utile
à l'État, en portant une heureuse nouvelle à
son prince, qui tenait alors une assemblée
générale des évêques et des grands du

royaume, en son château de Clichy, à deux lieues de Paris.

Dieu sembla vouloir récompenser, dès cette vie, le généreux dévouement de son serviteur, car, chemin faisant, il lui fit opérer deux miracles qui ont jeté un très-grand éclat sur la vie de notre saint. Il fit le premier à Cologne même, où il rendit à un muet l'usage de la parole ; et l'autre en passant par Verdun, où il délivra une femme possédée que le démon tourmentait cruellement.

Mais le moment était arrivé où Dieu allait récompenser par un poids éternel de gloire une vie si pleine et si féconde en œuvres pour le ciel. Arrivé à Clichy, pour rendre compte au roi du succès de son ambassade, il y tomba malade. La fatigue du voyage avait porté de graves atteintes à sa verte vieillesse : il avait alors quatre-vingt-dix ans. Mais les progrès de la maladie furent si rapides, et la fièvre, qui dévorait notre saint, présenta des symptômes tellement graves, que le pieux archevêque jugea que sa dernière heure approchait, et que notre Seigneur Jésus-Christ allait le délivrer des misères de cette vie, pour le récompenser de ses travaux. Il se prépara donc à la mort avec toute la piété que l'on pouvait attendre d'un homme qui avait passé sa vie tout entière dans une innocence et une sainteté si éminentes.

Au milieu de ses souffrances, et en présence de ses fins dernières, une seule pensée se présentait à l'esprit du pasteur, c'était une pensée d'amour et d'attachement à son peuple. Aussi demanda-t-il constamment à Dieu, à ses derniers moments, qu'il voulût bien accorder à son bon peuple de Rouen un pontife selon son cœur. Sa prière fut exaucée ; et une voix intérieure lui fit connaître celui que le ciel allait lui donner pour successeur. Sa joie fut au comble, lorsque cette voix lui dit que c'était Ansbert, abbé de Saint-Vandrille. Comme le roi le venait voir dans le cours de la maladie, notre saint n'eut pas plus tôt reçu cette communication céleste, qu'il s'empressa d'en faire part à son souverain. Il lui nomma donc son successeur, et il n'eut pas de peine à lui faire agréer un choix si prudent et si avantageux non-seulement pour le diocèse de Rouen, mais même pour toute la Neustrie.

Enfin, plein d'espérance dans la pensée qu'il allait avoir pour lui succéder un pontife qui prendrait soin de son cher troupeau, il continua d'offrir encore au Seigneur de ferventes prières pour ce peuple qu'il avait tant aimé. Et après avoir prié pour tous les ordres de l'église, et pour le royaume de France, il rendit paisiblement à Dieu son esprit, qui fut transporté dans le ciel par les mains des anges. Sa mort bienheureuse arriva le 24 août 689. Saint Ouen avait gouverné pendant quarante-quatre ans le diocèse de Rouen. Les derniers moments de notre saint ont pleinement justifié cette parole de nos livres saints : Heureux sont ceux qui meurent dans le Seigneur..... Et la mort des saints est toujours précieuse aux yeux du Seigneur. Heureux donc le chrétien qui cherche à imiter les vertus des saints ; il méritera d'entendre, à sa dernière heure, cette parole consolante de la part de son Dieu : « Serviteur bon et fidèle, entrez, pour l'éternité, dans la joie et la possession de votre Seigneur. »

Le corps de saint Ouen fut transporté à

Rouen avec une pompe et une magnificence extraordinaires. Le roi, la reine, le maire du palais, toute la cour, et la plupart des évêques et des seigneurs, qui s'étaient rendus à Clichy, pour assister à l'assemblée générale, le conduisirent jusqu'à Pontoise, aux limites du diocèse de Rouen, et le déposèrent dans une chapelle, qui depuis est devenue une paroisse de son nom. Là, les évêques et les abbés, les prêtres et les religieux de la province de Neustrie, avec une infinité de gentilshommes et d'autres personnes de toutes conditions, le vinrent prendre en procession, et le portèrent alternativement sur leurs épaules jusque dans la ville de Rouen. Il fut inhumé avec les plus grands honneurs dans la basilique de Saint-Pierre, bâtie par le roi Clotaire Ier, et qui est aujourd'hui la célèbre église de Saint-Ouen.

La sainteté du pieux prélat ne tarda pas à être confirmée par les nombreux miracles qui s'opérèrent par son invocation, non-seulement à son tombeau, mais aussi en divers autres lieux, où sa mémoire était célèbre. La dévotion des fidèles s'accrut à un tel point, qu'après la canonisation de ce saint, on comptait dans le diocèse de Rouen plus de quarante églises qui lui étaient consacrées.

De plus, on célébrait autrefois quatre fêtes en l'honneur de saint Ouen, tant la dévotion à ce bienheureux patron du diocèse de Rouen était devenue populaire. La première, qui était la principale, car on la célébrait avec une octave, avait lieu le 24 août, jour de la mort de saint Ouen; la seconde se faisait le 5 mai, en mémoire de la translation de ses reliques par saint Ansbert; la troisième, le 14 mai, anniversaire de son ordination; et la quatrième, le 1er février, comme souvenir d'une autre translation des reliques de notre saint.

J'ai dit qu'il y avait autrefois, dans le diocèse de Rouen, une fête en l'honneur de saint Ouen, pour perpétuer la mémoire de la translation de ses reliques par saint Ansbert. Voici à quelle occasion cette translation avait eu lieu.

Témoin des nombreux miracles qui s'opéraient au tombeau du saint, et en même temps pour répondre à la dévotion des fidèles, saint Ansbert, son successeur, trois ans après la mort de ce saint pontife, le jour même de l'Ascension, fit transférer son corps du lieu où il était inhumé pour le mettre dans un lieu plus honorable, et on le trouva encore aussi parfaitement conservé qu'au temps de son décès. On fit alors une distribution des reliques du saint. Et plusieurs abbayes qui avaient été fondées sous le pontificat de saint Ouen obtinrent quelques-unes de ces précieuses reliques. La ville de Rouen, heureuse de posséder la plus grande partie de ces restes sacrés, fit présent d'une châsse magnifique où on les renferma, et choisit le saint archevêque pour un de ses principaux protecteurs. Durand les guerres des Normands, dit encore le P. Giry, cette châsse fut apportée à Paris, dans la crainte qu'elle ne tombât entre les mains de ces infidèles; mais lorsqu'on leur eut cédé la Neustrie, et qu'ils eurent embrassé la foi catholique, Raoul, leur duc, demanda avec instance que ce grand trésor fût restitué à la ville de Rouen. Sa demande lui ayant été accordée, les principaux ecclésiastiques et seigneurs normands vinrent le chercher à Paris, et le portèrent solennellement jusqu'à Darnétal, petite ville située à trois kilomètres de Rouen. Ils voulaient poursuivre leur procession; mais, dit la légende, le corps devint si pesant, qu'il leur fut impossible de le lever. Le duc, en étant informé, vint lui-même au-devant, les pieds et la tête nus, et couvert d'un simple habit de bure; et se jetant aux pieds du saint, il le supplia, les larmes aux yeux et les mains levées vers le ciel, de ne pas priver sa ville de la consolation de sa présence. Et pour mériter cette faveur, il donna à son église toute la terre située entre Darnétal et Rouen. Aussitôt sa prière fut exaucée, et la châsse reprit son état naturel. Le duc s'en chargea lui-même avec d'autres seigneurs, et la rapporta en son ancien lieu, au milieu des chants de joie, des psaumes, des cantiques et des hymnes, qui ont fait appeler tout ce chemin Longpaon, qui signifie *longue louange*. Une très-belle église fut construite, sous le vocable de saint Ouen, à l'endroit même où le miracle de la châsse s'était opéré.

Mais cette magnifique châsse qui renfermait les précieux restes devant lesquels
les rois et les princes s'étaient plus d'une
fois agenouillés, et pour lesquels ils avaient
eu tant de respect, devait disparaitre, et
devenir la proie du vandalisme. Lorsqu'en
l'année 1562, les calvinistes vinrent exercer leurs ravages dans la Normandie, ils
pillèrent les églises, les monastères, les
abbayes. Tout ce qui était sacré fut voué à
la destruction ou à des profanations sacriléges. Les reliques de saint Ouen furent
donc pillées, profanées, brûlées, et leurs
cendres jetées au vent. Et aujourd'hui encore, la ville de Rouen serait privée des
précieux restes d'un de ses principaux patrons, si, de nos jours, un digne successeur
de ce grand saint n'avait songé, dans sa sollicitude pastorale, à donner à l'église de
Saint-Ouen une partie du trésor dont elle
avait été si longtemps dépossédée.

Ce pieux archevêque, sachant que l'abbaye de Saint-Vandrille possédait encore
des reliques de notre saint, en fit la demande. Et heureux d'en avoir obtenu une
partie il la mit dans un charmant reli

quaire ; et la translation s'en fit, d'une manière solennelle, au mois d'avril 1860, au milieu d'un grand concours du clergé et du peuple.

En sorte que le voyageur qui visite, à l'heure où nous écrivons ces lignes, la magnifique église de Saint-Ouen peut voir, derrière le grand autel, le reliquaire qui contient encore quelques restes du grand saint que Dieu suscita au VIIe siècle pour être le bonheur de la France, la gloire de l'Église, le conseiller des rois, le père de son peuple et le modèle de tous les chrétiens.

FIN.

Rouen. — Imp. MÉGARD et Ce, rue S.–Hilaire, 136.